Un chien à l'école

Pour Héloïse avec un peu d'avance,
vive le CP et la lecture !
M.

www.flammarion-jeunesse.fr
www.jesuisencp.fr

Couleurs : Emmanuel Ristord et Sarah Murat

Éditions Flammarion – 87, quai Panhard-et-Levassor – 75647 Paris Cedex 13
ISBN : 9782081511392 – N° d'édition : L.01EJEN001764.N001
Dépôt légal : avril 2020
Imprimé en Espagne par Liberdúplex – février 2020
Loi n° 49-956 du 16 juillet 1949 sur les publications destinées à la jeunesse

Un chien à l'école

Texte de
Magdalena

Illustrations
d'**Emmanuel Ristord**

CASTOR POCHE

Notre classe de CP

Pour lire l'histoire, tourne la page !
Pour des activités autour de la lecture, va page 34 !

C'est la récréation.
Un bébé chien est devant l'école.

« Oh ! Il y a un bébé chien ! dit Bob.
– On va le voir ! » dit Basil.

« Attention ! » crie Maîtresse Julie.

Elle a peur pour ses élèves.
Mais Basil n'écoute pas.

Le chien aime les enfants.
Il lèche la main de Basil.

« Il veut rentrer ! dit Bob.
– Il va se perdre », dit Basil.

« Il est beau ! dit Basil.
– Il est gentil ! dit Bob.
– À qui est ce chien ? »
demande Maîtresse Julie.

« À moi, dit Léo.
C'est mon nouveau bébé chien.
On peut le garder ? »

« Non, pas possible,
dit Maîtresse Julie.
Les chiens ne vont pas à l'école. »

Maîtresse Julie appelle
le papa de Léo.

Mia a peur.
Elle reste loin du bébé chien.

« L'école, c'est pas pour les chiens »,
dit Mia à Ana.

Dring dring, c'est la fin de la récré.

Le chien a peur de la sonnerie.
Il tremble.

« Le pauvre, il a peur du bruit,
dit Ana.
– Mon chat aussi a peur du bruit »,
dit Samir.

« Oh ! Tu as un chat, la chance !
Maman n'aime pas les chats, dit Ana.
– Et papa n'aime pas les chiens,
dit Léa.
– Alors on n'a rien ! » dit Noé.

Le papa de Léo vient chercher
le bébé chien.

« Pardon, il s'est sauvé
de la maison », dit le papa de Léo.

Basil parle au chien :
« À demain ?
– Ouaf ouaf ! répond le chien.
– Il a dit oui, youpi ! » dit Basil.

Je joue pour bien lire

1 **Regarde** bien ces deux couvertures du livre et **trouve** les 5 différences.

Réponse : les bracelets de Fatou, la barrière, le titre, le collier et la médaille du chien, les feuilles à droite.

2 **Trouve l'intrus** : le mot qui ne contient pas le son « ch » de « **ch**ien ».

3 **Entraîne-toi** à lire les mots suivants.

chien

château

chemin

Réponse : 2) cahier.

Je joue pour bien comprendre

1 **Relie** chaque animal à son cri.

1. 

2. 

3. 

4. 

5. 

a. je glapis

b. je couine

c. je chante

d. j'aboie

e. je miaule

Réponse : 1-d ; 2-e ; 3-c ; 4-a ; 5-b.

2 **Vrai ou faux ?** Que faut-il faire quand on a un animal domestique ?

1. Partager son goûter avec lui.
2. Jouer avec lui.
3. L'emmener chez le vétérinaire quand il est malade.
4. Faire du bruit ou des gestes brusques à côté de lui.
5. Lui faire des câlins.

Réponses : 1. faux : un animal domestique ne doit pas manger la même chose que les humains. 2. vrai. 3. vrai. 4. faux : le bruit et les gestes brusques peuvent effrayer un animal domestique et le rendre agressif. 5. vrai.

Je suis en CP

Retrouve les histoires de **Je suis en CP** pour t'accompagner tout au long de l'année.

1

C'est la rentrée !

Dispute à la récré

Le nouveau

C'est l'automne !

Alerte aux poux !

La fête à la cantine

Journée à la ferme

Un chien à l'école !

Il neige !

2

Jour de piscine

La remplaçante

Le bras cassé

Les anniversaires

Le lapin de la classe

Lou a deux maisons

Les toilettes de l'école

Noé a un secret

3

Les amoureux

La fête
de l'école

La classe
de mer

Chez les pompiers

La médaille d'or

Au centre aéré

Quelles histoires as-tu déjà lues ?
Quelle est ta préférée ?
Lesquelles aimerais-tu lire ?

Le blog !

Toute l'actualité de la collection,
les astuces de Magdalena et plein d'autres surprises,
sur **www.jesuisencp.fr**

Je suis en CP

Pédagogie Montessori

Mieux apprendre grâce aux neurosciences dans le respect du rythme de chaque enfant

Une méthode de lecture

DÈS 5 ANS

et 3 cahiers d'apprentissage